AF205714

Impressum
Verlag: BABADADA GmbH, Nedderfeld 112 , 22529 Hamburg
Geschäftsführer / Verlagsleitung: Harald Hof
Druck: Books on Demand GmbH, In de Tarpen 42, 22848 Norderstedt

Imprint
Publisher: BABADADA GmbH, Nedderfeld 112 , 22529 Hamburg, Germany
Managing Director / Publishing direction: Harald Hof
Print: Books on Demand GmbH, In de Tarpen 42, 22848 Norderstedt, Germany

kool

школа

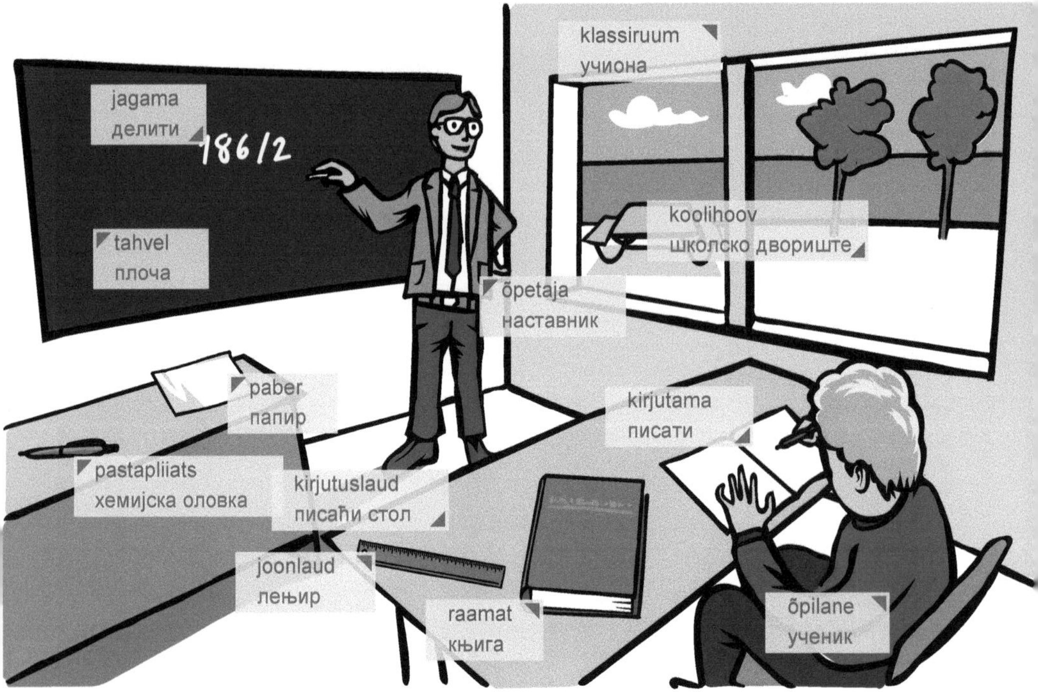
klassiruum
учиона
jagama
делити
186/2
tahvel
плоча
koolihoov
школско двориште
õpetaja
наставник
paber
папир
kirjutama
писати
pastapliiats
хемијска оловка
kirjutuslaud
писаћи стол
joonlaud
лењир
raamat
књига
õpilane
ученик

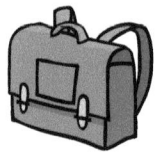

koolikott

торба

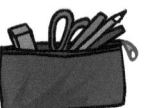

pinal

перница

harilik pliiats

графитна оловка

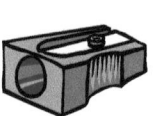

pliiatsiteritaja

шиљило за оловке

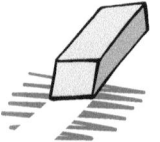

kustukumm

гумица за брисање

joonistusplokk

блок за цртање

joonistus

цртеж

pintsel

кист

värvikarp

кутија са бојама

käärid

маказе

liim

лепило

töövihik

бележница

kodutöö

домаћи задатак

number

број

liitma

сабирати

lahutama

одузимати

korrutama

множити

arvutama

рачунати

täht

слово

tähestik

абецеда

sõna

реч

tekst

текст

lugema

читати

kriit

креда

koolitund

час

klassipäevik

дневник

eksam

испит

tunnistus

сведочанство

koolivorm

школска униформа

haridus

образовање

entsüklopeedia

лексикон

ülikool

универзитет

mikroskoop

микроскоп

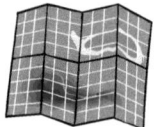

kaart

карта

paberikorv

кошара за папир

hotell
хотел

hostel
преноћиште

ROOMS

valuutavahetuspunkt
мењачница

EXCHANGE

kohver
кофер

auto
ауто

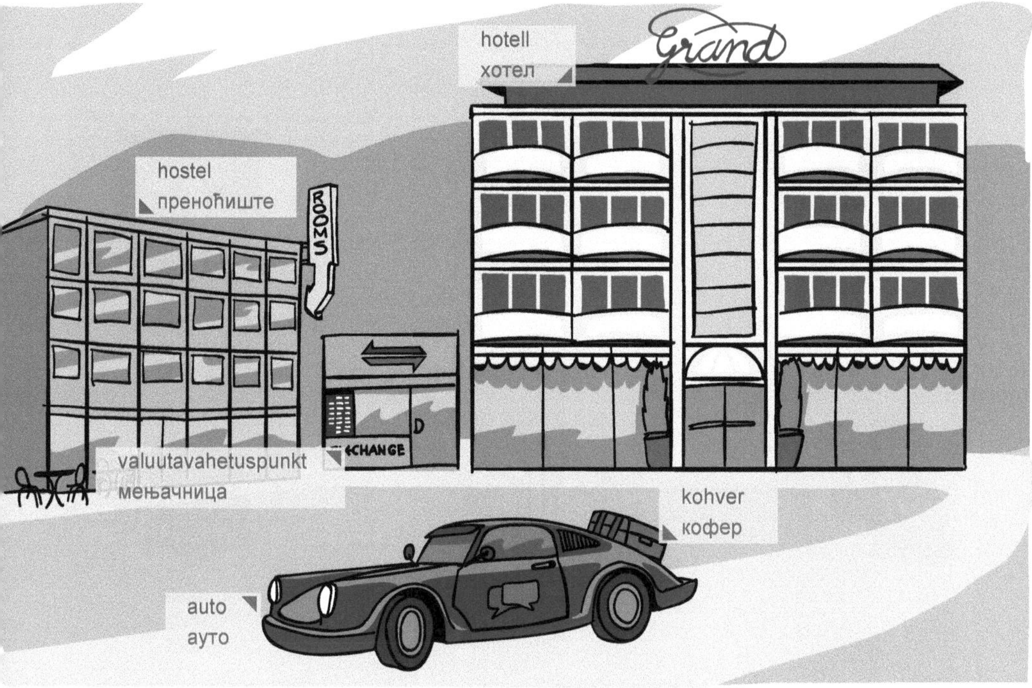

keel

језик

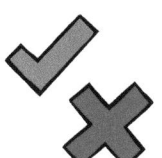

jah / ei

да / не

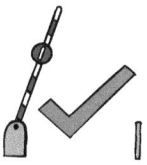

okei

океј

Tere!

здраво

tõlk

преводилац

Aitäh!

хвала

Kui palju maksab …?

Колико кошта...?

Ma ei saa aru

не разумем

probleem

проблем

Tere õhtust!

добро вече!

Tere hommikust!

Добро јутро!

Head ööd!

Лаку ноћ!

Head aega!

довиђења

suund

смер

pagas

пртљага

kott

торба

seljakott

руксак

külaline

гост

tuba

соба

magamiskott

врећа за спавање

telk

шатор

turismiinfo

туристичке информације

rand

плажа

krediitkaart

кредитна картица

hommikusöök

доручак

lõunasöök

ручак

õhtusöök

вечера

pilet

карта за вожњу

lift

лифт

postmark

поштанска маркица

riigipiir

граница

toll

царина

saatkond

амбасада

viisa

виза

pass

пасош

transport
транспорт

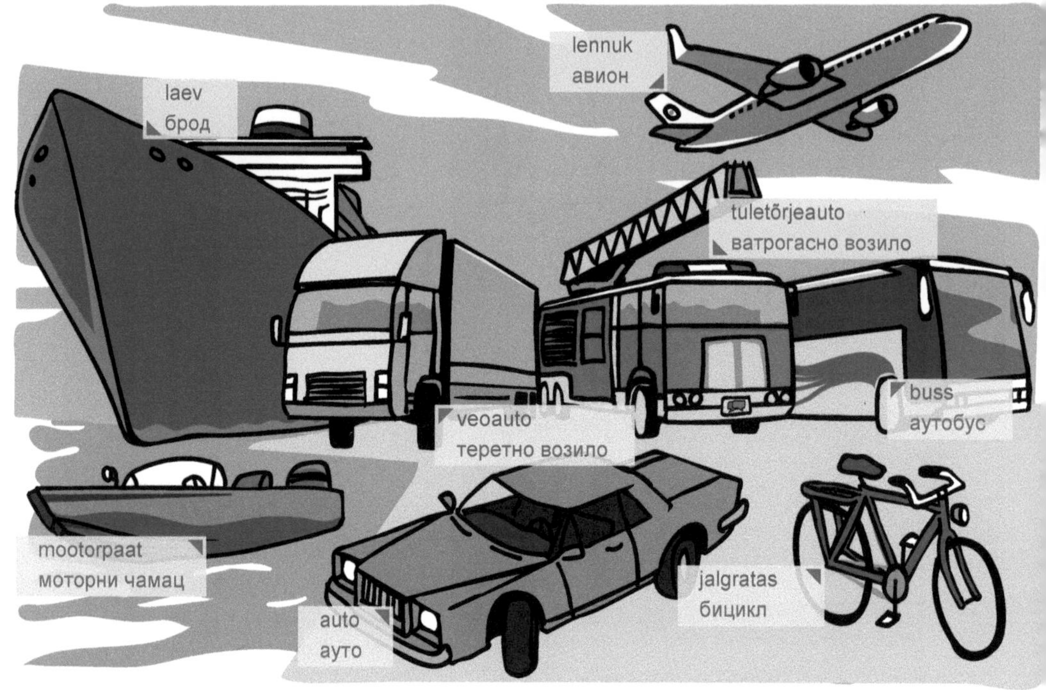

lennuk
авион
laev
брод
tuletõrjeauto
ватрогасно возило
buss
аутобус
veoauto
теретно возило
mootorpaat
моторни чамац
jalgratas
бицикл
auto
ауто

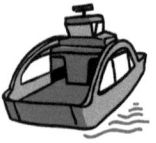

praam

трајект

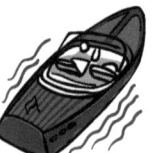

paat

чамац

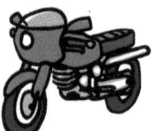

mootorratas

мотоцикл

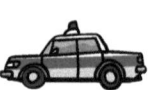

politseiauto

полицијски ауто

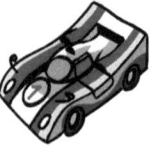

võidusõiduauto

тркаћи ауто

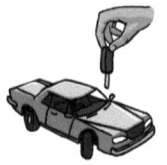

rendiauto

изнајмљено ауто

ühisauto

делење аутомобила

puksiirauto

вучно возило

prügiauto

возило за одвоз смећа

mootor

мотор

kütus

бензин

tankla

бензинска станица

liiklusmärk

саобраћајни знак

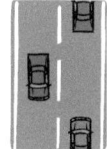

liiklus

саобраћај

liiklusummik

застој

parkla

паркиралиште

raudteejaam

железничка станица

rööpad

шине

rong

воз

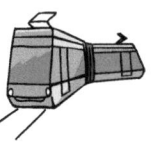

tramm

трамвај

vagun

вагон

helikopter
хеликоптер

lennujaam
аеродром

torn
кула

reisija
путник

konteiner
контејнер

pappkast
картон

käru
колица

korv
корпа

õhku tõusma / maanduma
узлетети / слетети

linn

град

küla
село

kesklinn
центар града

maja
кућа

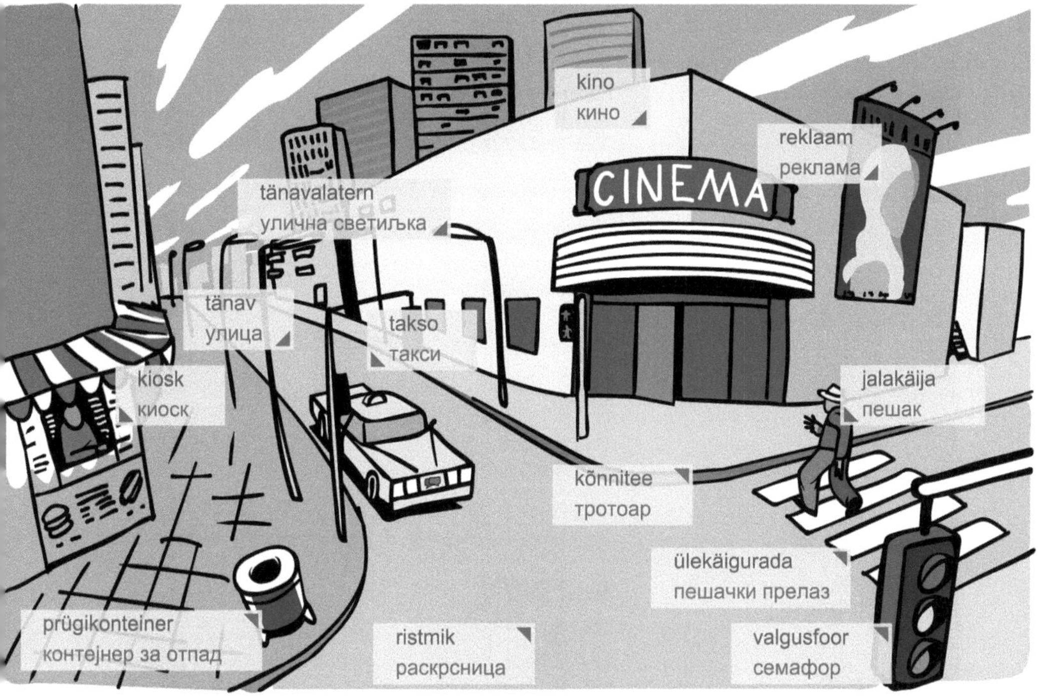

kino
кино

reklaam
реклама

tänavalatern
улична светиљка

CINEMA

tänav
улица

takso
такси

jalakäija
пешак

kiosk
киоск

kõnnitee
тротоар

ülekäigurada
пешачки прелаз

prügikonteiner
контејнер за отпад

ristmik
раскрсница

valgusfoor
семафор

osmik

колиба

kortermaja

стан

raudteejaam

железничка станица

raekoda

већница

muuseum

музеј

kool

школа

ülikool

универзитет

pank

банка

haigla

болница

hotell

хотел

apteek

апотека

kontor

канцеларија

raamatupood

књижара

kauplus

продавница

lillepood

цвећара

supermarket

супермаркет

turg

трг

kaubamaja

робна кућа

kalapood

рибарница

kaubanduskeskus

трговачки центар

sadam

лука

park

парк

pink

клупа

sild

мост

trepp

степенице

metroo

подземна железница

tunnel

тунел

bussipeatus

аутобуска станица

baar

бар

restoran

ресторан

postkast

поштанско сандуче

tänavasilt

улични знак

parkimisautomaat

паркирни аутомат

loomaaed

зоолошки врт

ujula

базен

mošee

џамија

talu

сеоско газдинство

reostus

загађење околине

surnuaed

гробље

kirik

црква

mänguväljak

игралиште

tempel

храм

maastik

пејсаж

leht
лист

teeviit
путоказ

tee
пут

aas
ливада

kivi
камен

puu
дрво

matkaja
шетач

jõgi
река

rohi
трава

lill
цвет

org
долина

mägi
планина

järv
језеро

mets
шума

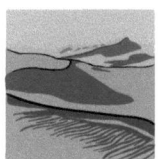

kõrb
пустиња

vulkaan
вулкан

linnus
дворац

vikerkaar
дуга

seen
гљива

palm
палма

sääsk
москито

kärbes
мува

sipelgas
мрав

mesilane
пчела

ämblik
паук

mardikas

буба

konn

жаба

orav

веверица

siil

јеж

jänes

зец

öökull

сова

lind

птица

luik

лабуд

metssiga

дивља свиња

hirv

јелен

põder

лос

pais

насип

tuuleturbiin

ветрењача

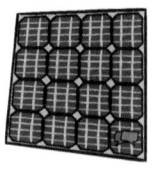

päikesepaneel

соларна плоча

kliima

клима

maastik - пејсаж

restoran
ресторан

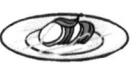

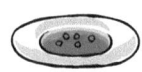

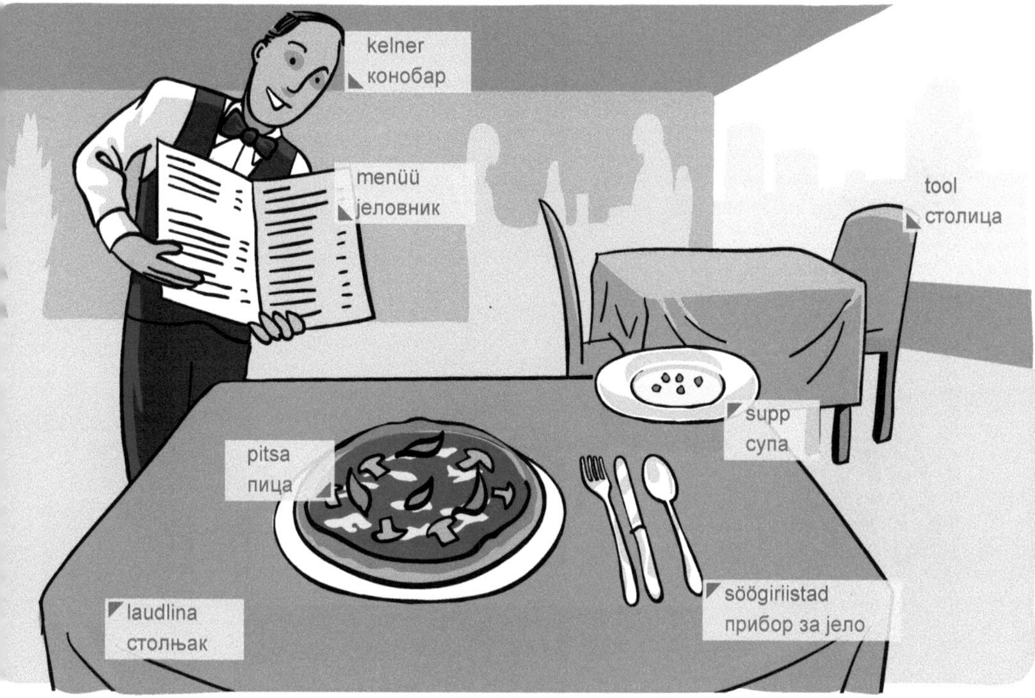
kelner
конобар
menüü
јеловник
tool
столица
supp
супа
pitsa
пица
laudlina
столњак
söögiriistad
прибор за јело

eelroog

предјело

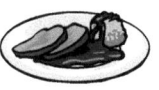

pearoog

главно јело

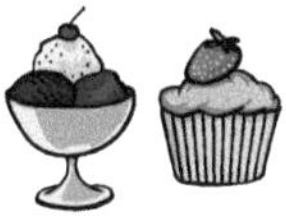

magustoit

десерт

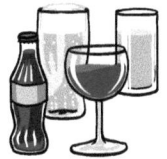

joogid

напитци

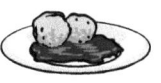

toit

јело

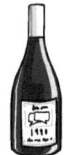

pudel

флаша

kiirtoit

брза храна

tänavatoit

имбис храна

teekann

чајник

suhkrutoos

доза за шећер

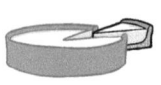

portsjon

порција

espressomasin

апарат за еспресо

lastetool

висока столица

arve

рачун

kandik

послужавник

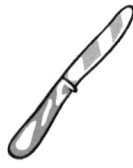

nuga

нож

kahvel

виљушка

lusikas

кашика

teelusikas

чајна кашика

salvrätik

салвета

klaas

чаша

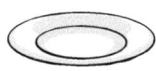

taldrik

тањир

supitaldrik

тањир за супу

alustass

тањирић

kaste

сос

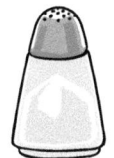

soolatoos

сољенка

pipraveski

млин за бибер

äädikas

сирће

õli

уље

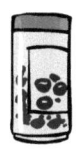

vürtsid

зачини

ketšup

кечап

sinep

сенф

majonees

мајонеза

supermarket
супермаркет

eripakkumine
понуда
FOR
klient
купац
piimatooted
млечни производи
puuviljad
воће
ostukäru
колица за куповину

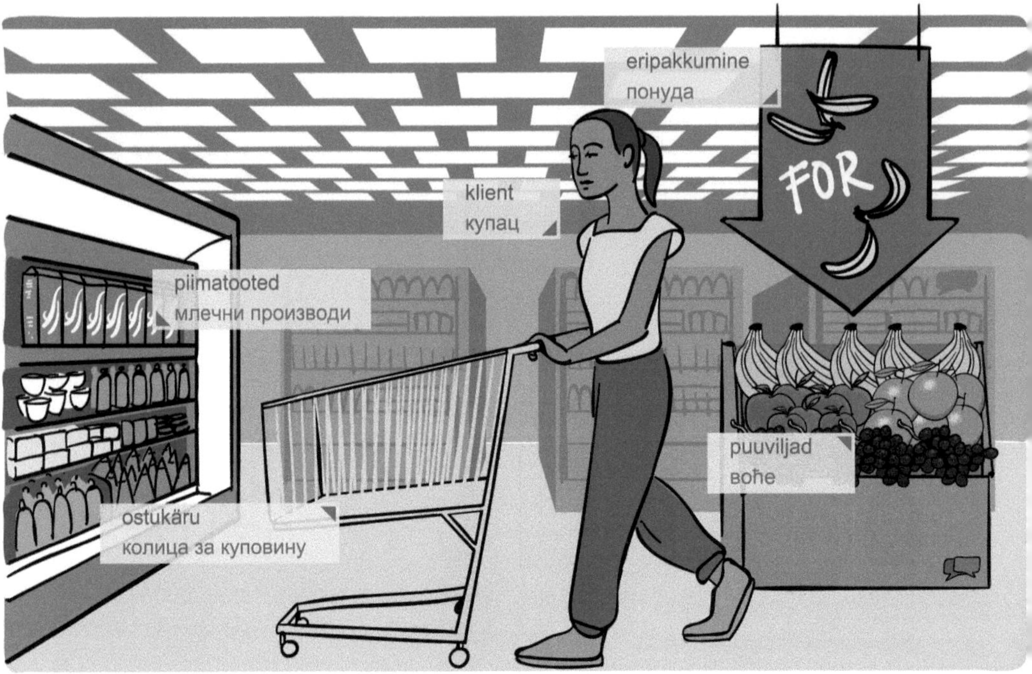

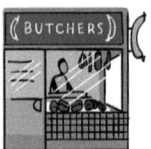

BUTCHERS

lihapood

месница

BAKERY

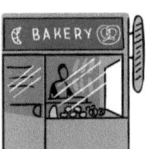

pagariäri

пекара

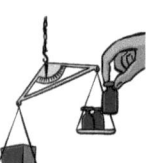

kaaluma

вагати

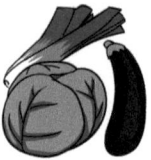

köögiviljad

поврће

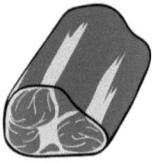

liha

месо

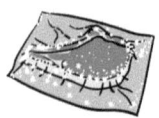

külmutatud toit

смрзнута храна

lihalõigud

нарезак

konservid

конзерве

pesupulber

средство за прање

maiustused

слаткиши

majatarbed

артикли за домаћинство

puhastustooted

средства за чишћење

müüja

продавачица

kassaaparaat

благајна

kassapidaja

благајник

ostunimekiri

листа за куповину

lahtiolekuajad

време рада

rahakott

новчаник

krediitkaart

кредитна картица

kott

торба

kilekott

пластична кеса

напитци

vesi

вода

mahl

сок

piim

млеко

koola

кола

vein

вино

õlu

пиво

alkohol

алкохол

kakao

какао

tee

чај

kohv

кава

espresso

еспресо

cappuccino

капућино

banaan

банана

õun

јабука

apelsin

наранџа

arbuus

лубеница

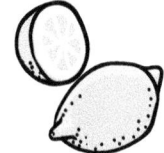

sidrun

лимун

porgand

шаргарепа

küüslauk

бели лук

bambus

бамбус

sibul

лук

seen

гљива

pähklid

орашасти плодови

nuudlid

резанци

spagetid

шпагете

riis

рижа

salat

салата

friikartulid

помфрит

praekartulid

печени крумпир

pitsa

пица

hamburger

хамбургер

võileib

сендвич

šnitsel

шницла

sink

шунка

salaami

салама

vorst

кобасица

kana

кокош

praeliha

печење

kala

риба

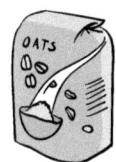

kaerahelbed

зобене пахуљице

müsli

мусли

maisihelbed

кукурузне пахуљице

jahu

брашно

sarvesai

кроасан

kukkel

пециво

leib

хлеб

röstsai

тоаст

küpsised

кекси

või

маслац

kohupiim

свежи сир

kook

колач

muna

jaje

praemuna

jaje на око

juust

сир

jäätis

сладолед

suhkur

шећер

mesi

мед

moos

мармелада

pähklivõie

нугат крема

karri

кари

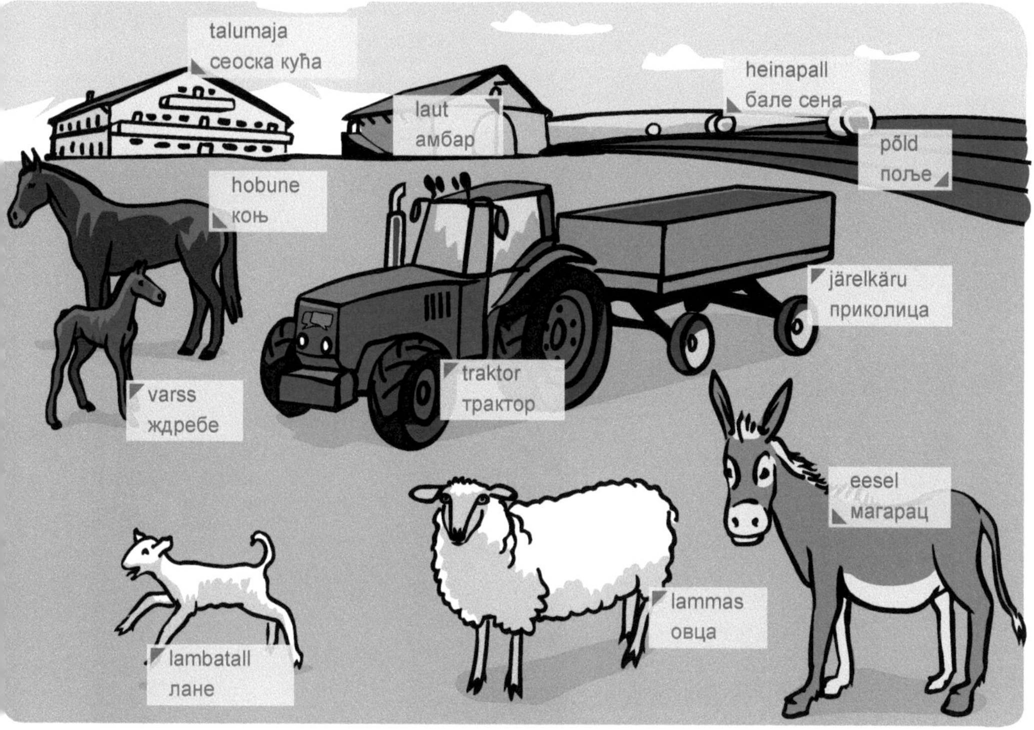

talumaja
сеоска кућа

heinapall
бале сена

laut
амбар

põld
поље

hobune
коњ

järelkäru
приколица

varss
ждребе

traktor
трактор

eesel
магарац

lambatall
лане

lammas
овца

kits

коза

lehm

крава

vasikas

теле

siga

свиња

põrsas

прасе

pull

бик

hani

гуска

part

патка

tibu

пилићи

kana

кокош

kukk

петао

rott

пацов

kass

мачка

hiir

миш

härg

вол

koer

пас

koerakuut

кућица за пса

aiavoolik

вртно црево

kastekann

канта за поливање

vikat

коса

ader

плуг

sirp

срп

kõblas

мотика

hang

виљушка за ђубриво

kirves

секира

käru

тачке

küna

корито

piimanõu

посуда за млеко

kott

врећа

tara

ограда

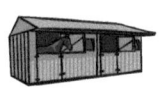

tall

штала

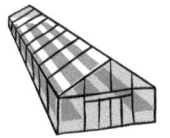

kasvuhoone

стакленик

muld

земља

seeme

семе

väetis

ђубриво

kombain

комбајн

saaki koristama

жети

saagikoristus

жетва

jamss

јамс зачин

nisu

пшеница

soja

соја

kartul

крумпир

mais

кукуруз

raps

уљана репица

viljapuu

воћка

maniokk

гомољ маниоке

teravili

житарице

maja

кућа

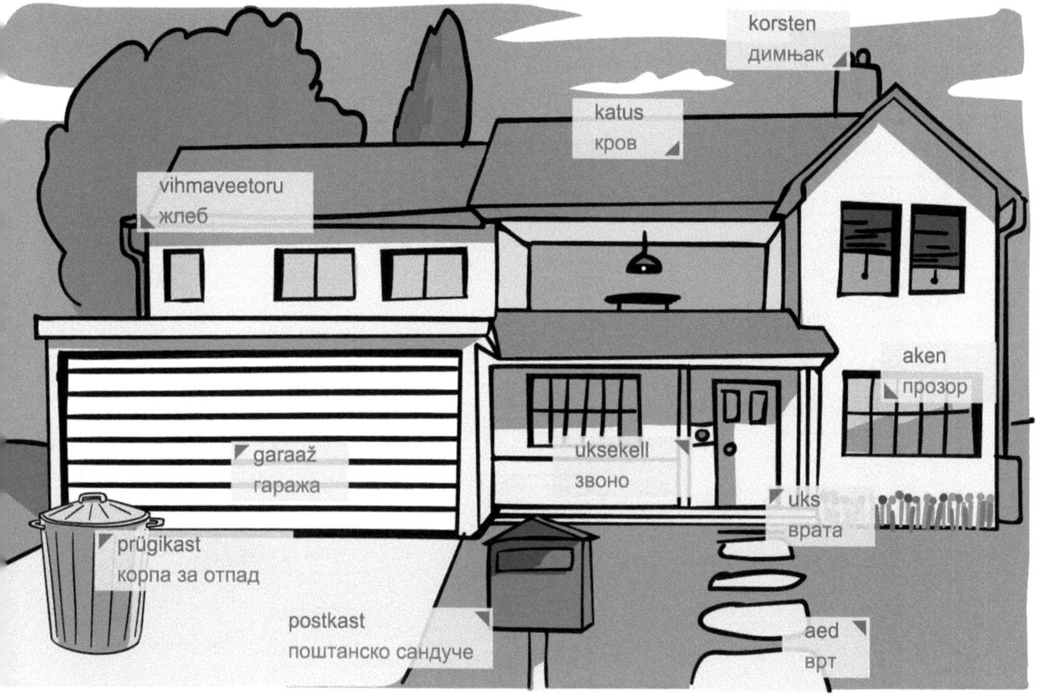
korsten
димњак
katus
кров
vihmaveetoru
жлеб
aken
прозор
garaaž
гаража
uksekell
звоно
uks
врата
prügikast
корпа за отпад
postkast
поштанско сандуче
aed
врт

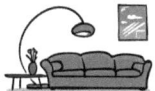

elutuba

дневна соба

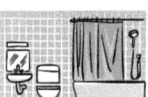

vannituba

купаоница

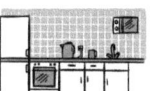

köök

кухиња

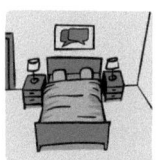

magamistuba

спаваћа соба

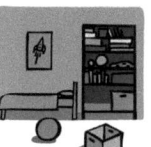

lastetuba

дечија соба

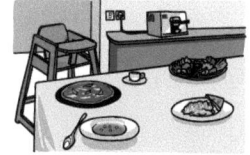

söögituba

трпезарија

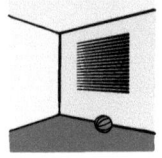

põrand
под

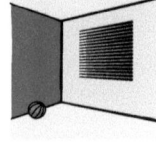

sein
зид

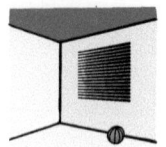

lagi
строп

kelder
подрум

saun
сауна

rõdu
балкон

terrass
тераса

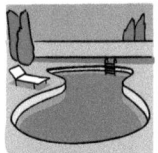

bassein
базен

muruniiduk
косилица за траву

voodilina
постељина за кревет

päevatekk
дека за кревет

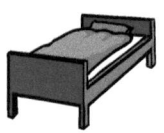

voodi
кревет

luud
метла

ämber
канта

lüliti
прекидач

elutuba

дневна соба

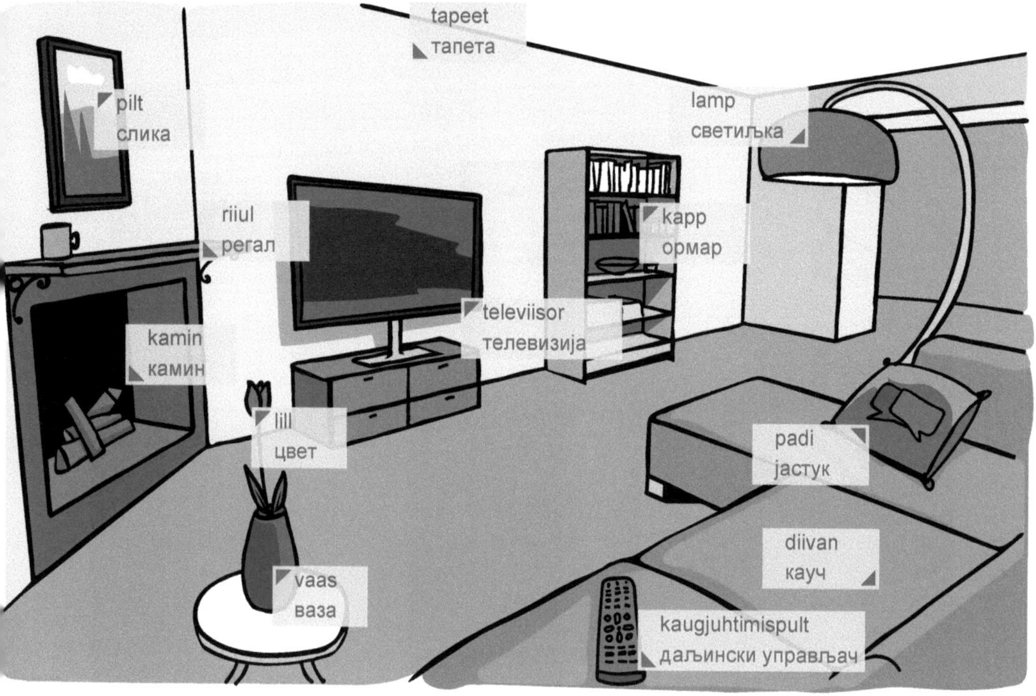

tapeet
тапета
pilt
слика
lamp
светиљка
riiul
регал
kapp
ормар
televiisor
телевизија
kamin
камин
lill
цвет
padi
јастук
diivan
кауч
vaas
ваза
kaugjuhtimispult
даљински управљач

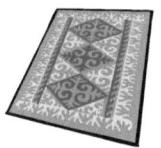

vaip

тепих

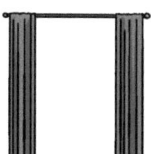

kardin

завеса

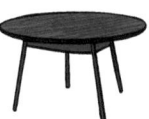

laud

сто

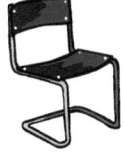

tool

столица

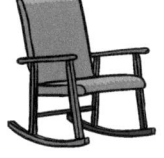

kiiktool

столица за њихање

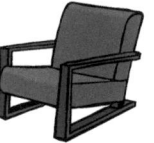

tugitool

фотеља

raamat

књига

tekk

дека

kaunistus

декорација

küttepuud

дрво за огрев

film

филм

helisüsteem

хи-фи уређај

võti

кључ

ajaleht

новине

maal

слика на платну

plakat

постер

raadio

радио

märkmik

блок за писање

tolmuimeja

усисивач

kaktus

кактус

küünal

свећа

köök
кухиња

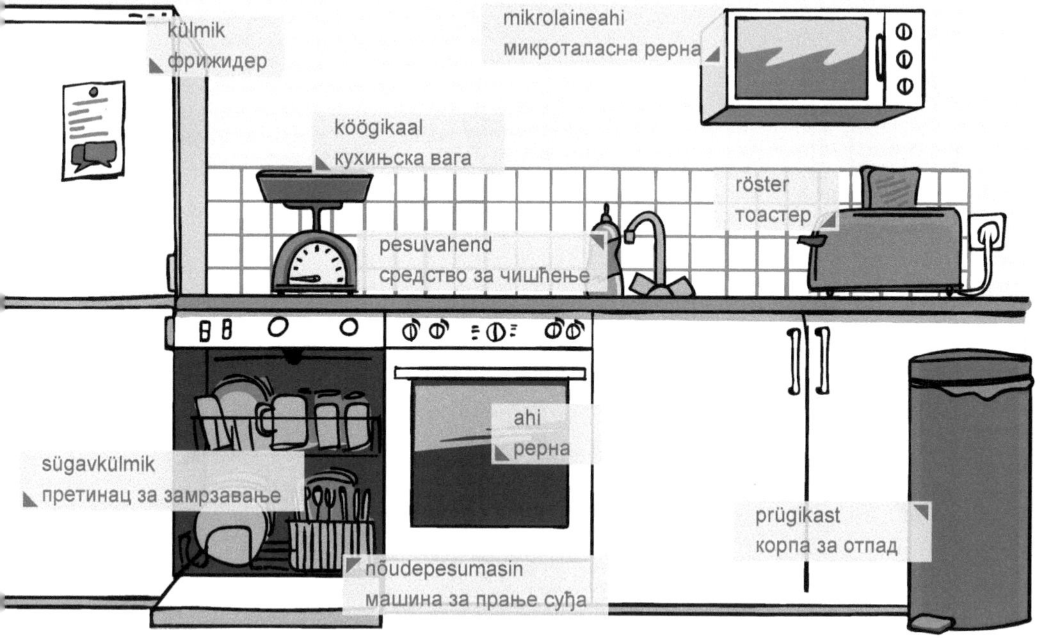

külmik
фрижидер
mikrolaineahi
микроталасна рерна
köögikaal
кухињска вага
röster
тоастер
pesuvahend
средство за чишћење
ahi
рерна
sügavkülmik
претинац за замрзавање
prügikast
корпа за отпад
nõudepesumasin
машина за прање суђа

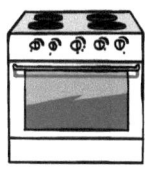

pliit
шпорет

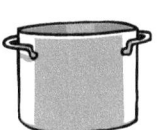

pott
лонац

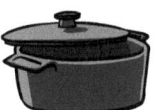

malmpott
гвоздени лонац

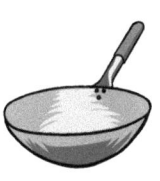

vokkpann
вок / кадаи

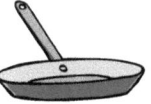

pann
тава

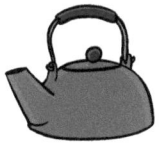

veekeetja
кувало за воду

aurutaja

кувало на пару

küpsetusplaat

лим за печење

lauanõud

посуђе

kruus

чаша

kauss

посуда

söögipulgad

штапићи за јело

kulp

кутлача

pannilabidas

лопатица

vispel

пењача

kurn

сито за кување

sõel

сито

riiv

рибеж

uhmer

мужар

grill

роштиљ

lahtine tuli

огњиште

lõikelaud

даска

tainarull

оклагија

korgitser

вадичеп

konservipurk

конзерва

konserviavaja

отварач конзерви

pajakinnas

крпа за лонац

kraanikauss

судопер

hari

четка

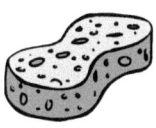

pesukäsn

сунђер

kannmikser

миксер

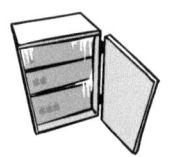

sügavkülmuti

замрзивач

lutipudel

флашица за бебе

segisti

славина за воду

vannituba

купаоница

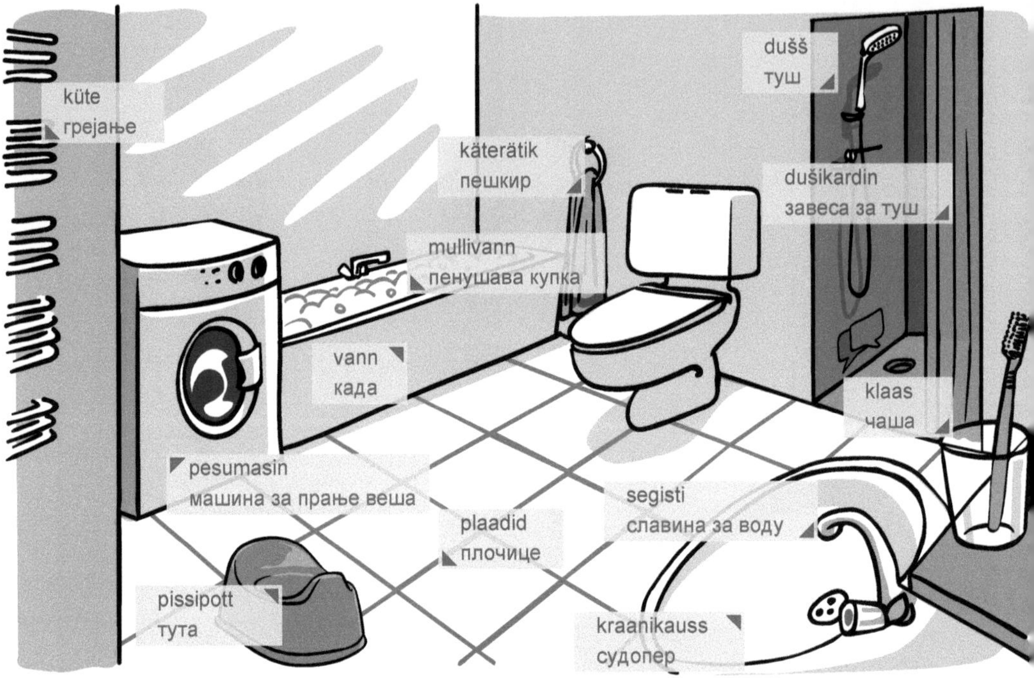
küte
грејање
käterätik
пешкир
dušš
туш
dušikardin
завеса за туш
mullivann
пенушава купка
vann
када
klaas
чаша
pesumasin
машина за прање веша
segisti
славина за воду
plaadid
плочице
pissipott
тута
kraanikauss
судопер

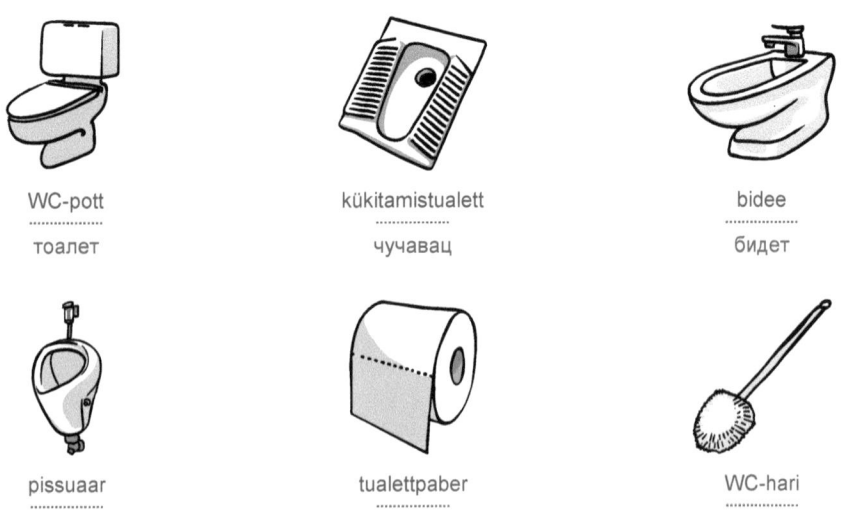

WC-pott

тоалет

kükitamistualett

чучавац

bidee

бидет

pissuaar

писоар

tualettpaber

тоалетни папир

WC-hari

четка за тоалет

hambahari

четкица за зубе

hambapasta

паста за зубе

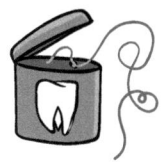

hambaniit

конац за зубе

pesema

прати

käsidušš

туш ручица

intiimdušš

туш за прање интимних делова

pesukauss

лавор

seljahari

четка за прање леђа

seep

сапун

dušigeel

гел за тuширање

šampoon

шампон

vamm

крпа за прање

äravool

одвод

kreem

крема

deodorant

дезодоранс

peegel

огледало

käsipeegel

козметичко огледало

habemenuga

бријач

raseerimisvaht

пена за бријање

habemevesi

лосион за после бријања

kamm

чешаљ

hari

четка

föön

фен за косу

juukselakk

спреј за косу

meigikomplekt

шминка

huulepulk

руж за усне

küünelakk

лак за нокте

vatt

вата

küünekäärid

маказе за нокте

parfüüm

парфем

tualett-tarvete kott

козметичка торбица

taburet

столица

kaal

вага

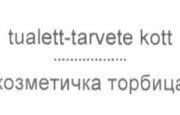

hommikumantel

огртач

kummikindad

рукавице за чишћење

tampoon

тампон

hügieeniside

уложак

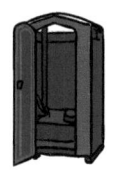

keemiline tualett

хемијски тоалет

lastetuba

дечија соба

äratuskell
будилник
pehme mänguasi
плишана играчка
mänguauto
ауто играчка
kõristi
звечка
nukumaja
кућица за лутке
kingitus
поклон

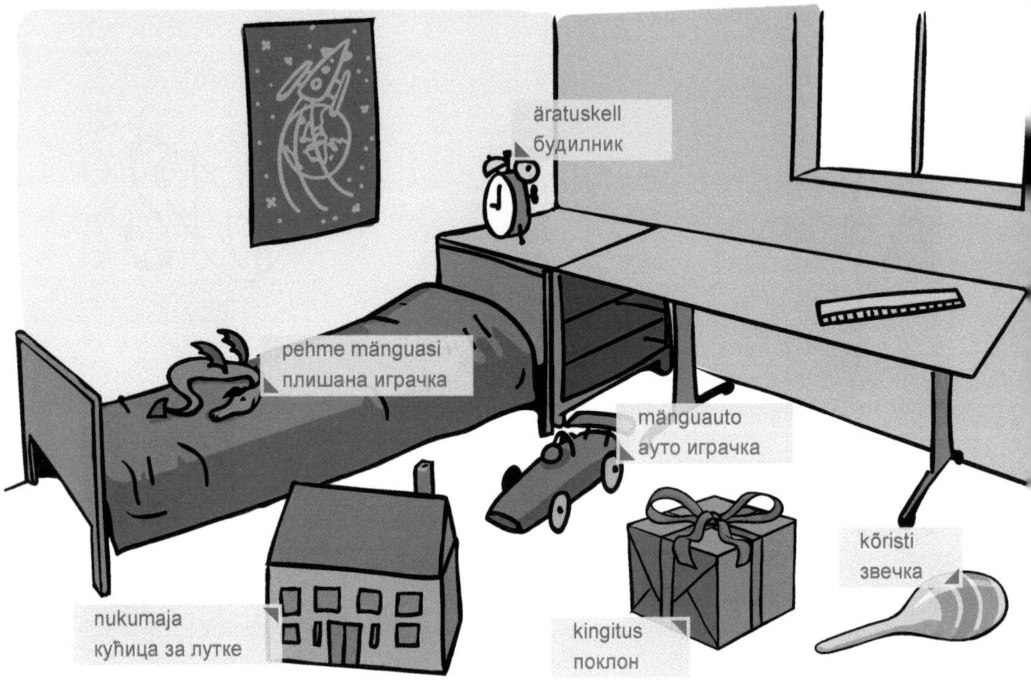

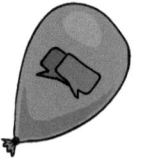

õhupall

балон

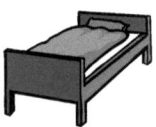

voodi

кревет

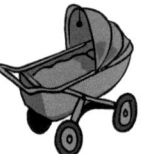

lapsevanker

дјечија колица

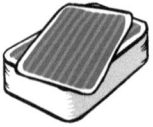

kaardipakk

игра са картама

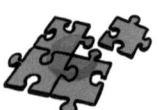

pusle

слагалица

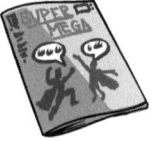

koomiks

стрип

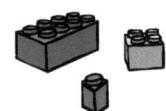

Lego klotsid

лего коцкице

klotsid

коцкице за слагање

kujuke

акциони јунак

siputuspüksid

бенкица за бебе

lendav taldrik

фризби

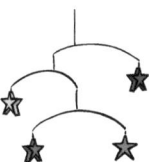

voodikarussell

висеће играчке

lauamäng

друштвене игре

täringud

коцка

mudelrong

минијатурна жељезница

lutt

дуда

pidu

забава

pildiraamat

сликовница

pall

лопта

nukk

лутка

mängima

играти

liivakast

пешчаник

kiik

љуљачка

mänguasjad

играчка

mängukonsool

конзола за игре

kolmerattaline jalgratas

трицикл

mängukaru

теди

riidekapp

ормар

riietus

одећа

sokid

кратке чарапе

sukad

чарапе

sukkpüksid

хулахопке

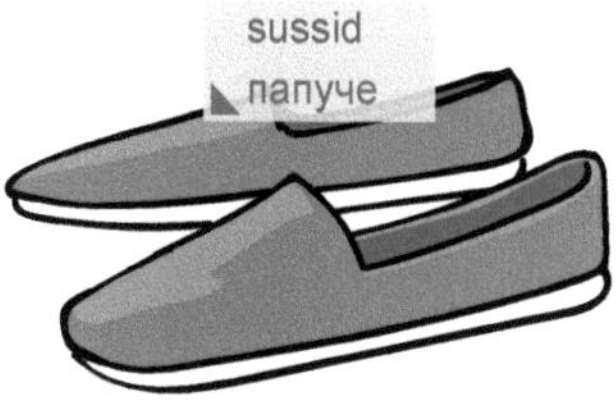

sall
шал

vöö
каиш

vihmavari
кишобран

T-särk
мајица

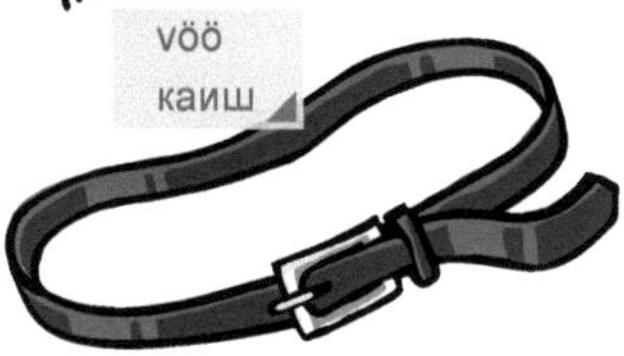

saapad
чизме

sussid
папуче

tossud
патике

sandaalid
....
сандале

jalatsid
....
ципеле

kummikud
....
гумене чизме

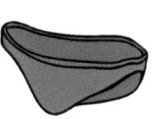

aluspüksid
....
гаћице

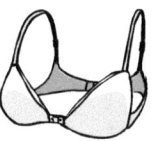

rinnahoidja
....
грудњак

vest
....
поткошуља

riietus - одећа   45

bodi

боди

püksid

панталоне

teksapüksid

фармерке

seelik

сукња

pluus

блуза

särk

кошуља

sviiter

џемпер

dressipluus

џемпер с капуљачом

bleiser

сако

jakk

јакна

mantel

мантил

vihmamantel

кабаница

kostüüm

костим

kleit

хаљина

pulmakleit

венчаница

riietus - одећа

ülikond

одело

öösärk

спаваћица

pidžaama

пиџама

sari

сари

pearätt

марама за главу

turban

турбан

burka

бурка

kaftan

кафтан

abayah

абаја

ujumistrikoo

купаћи костим

ujumispüksid

купаће гаћице

lühikesed püksid

кратке панталоне

dressid

одећа за тренинг

põll

кецеља

kindad

рукавице

nööp

дугме

prillid

наочаре

käevõru

наруквица

kaelakee

огрлица

sõrmus

прстен

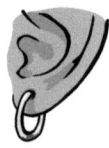

kõrvarõngas

наушница

nokamüts

капа

riidepuu

вешалица

kaabu

шешир

lips

кравата

tõmblukk

патент затварач

kiiver

кацига

traksid

нараменице

koolivorm

школска униформа

vormirõivad

униформа

pudipõll
....
подбрадак

lutt
....
дуда

mähe
....
пелена

kontor
канцеларија

server
сервер

arhiivikapp
ормар за списе

paber
папир

printer
штампач

monitor
монитор

kirjutuslaud
писаћи сто

hiir
миш

kaust
мапа

klaviatuur
тастатура

paberikorv
кошара за папир

arvuti
компјутер

tool
столица

kohvikruus
....
шалица за каву

kalkulaator
....
калкулатор

internet
....
интернет

sülearvuti

лаптоп

kiri

писмо

sõnum

порука

mobiiltelefon

мобилни телефон

võrk

мрежа

koopiamasin

уређај за копирање

tarkvara

софтвер

telefon

телефон

pistikupesa

утичница

faksimasin

факс

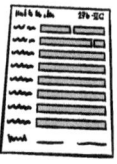

vorm

формулар

dokument

документ

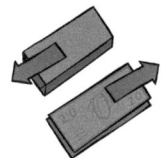

ostma

куповати

maksma

платити

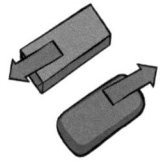

vahetama

трговати

raha

новац

dollar

долар

euro

евро

jeen

јен

rubla

рубља

Šveitsi frank

швајцарски франак

renminbi jüaan

ренминдби јуан

ruupia

рупија

sularahaautomaat

аутомат за новац

valuutavahetuspunkt

мењачница

kuld

злато

hõbe

сребро

nafta

нафта

energia

енергија

hind

цена

leping

уговор

maks

порез

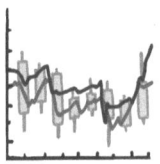

aktsia

деонице

töötama

радити

töötaja

службеник

tööandja

послодавац

tehas

фабрика

kauplus

продавница

ametid
занимања

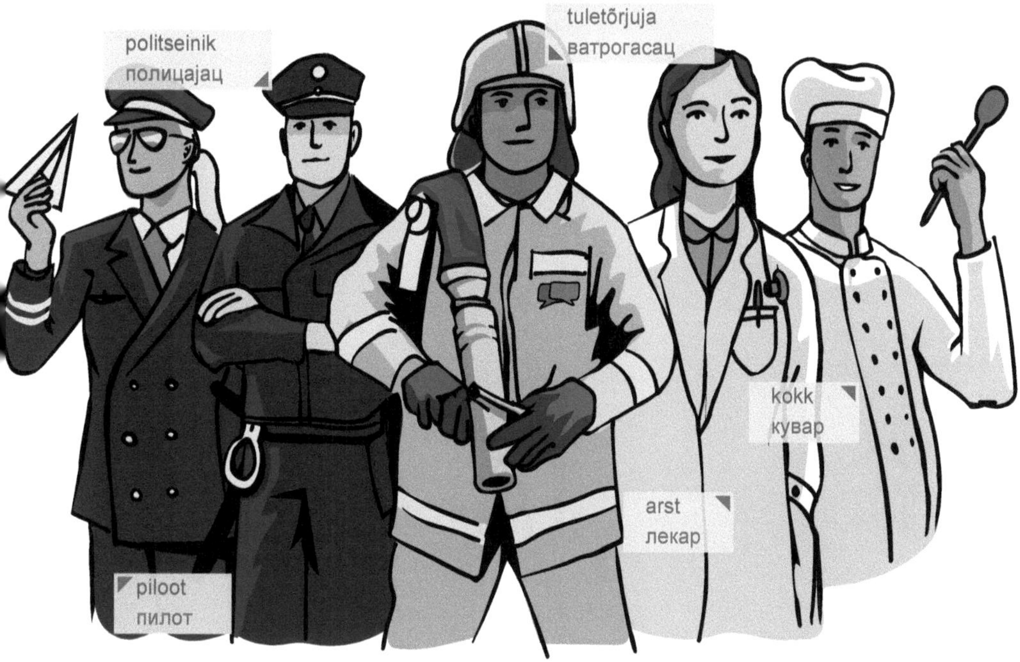

politseinik
полицајац
tuletõrjuja
ватрогасац
kokk
кувар
arst
лекар
piloot
пилот

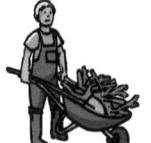

aednik

вртлар

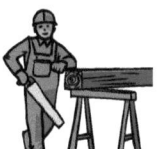

puusepp

столар

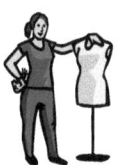

õmbleja

кројачица

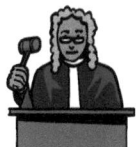

kohtunik

судија

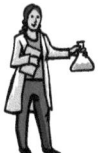

keemik

хемичар

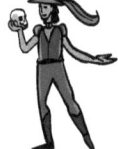

näitleja

глумац

bussijuht

возач аутобуса

taksojuht

возач таксија

kalamees

рибар

koristaja

чистачица

katusepaigaldaja

кровопокривач

kelner

конобар

jahimees

ловац

maaler

сликар

pagar

пекар

elektrik

електричар

ehitaja

грађевински радник

insener

инжењер

lihunik

месар

torumees

лимар

postiljon

поштар

sõdur

војник

arhitekt

архитекта

kassapidaja

благајник

lillemüüja

цвећар

juuksur

фризер

piletikontrolör

кондуктер

mehaanik

механичар

kapten

капетан

hambaarst

зубар

teadlane

научник

rabi

раби

imaam

имам

munk

монах

preester

свећеник

tööriistad

алати

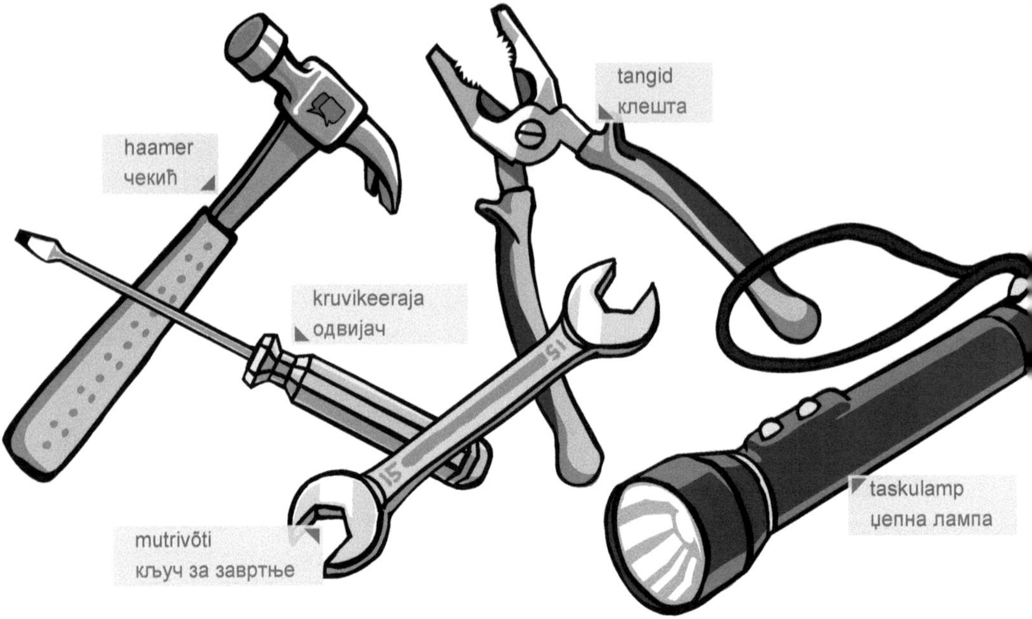
haamer
чекић
tangid
клешта
kruvikeeraja
одвијач
mutrivõti
кључ за завртње
taskulamp
џепна лампа

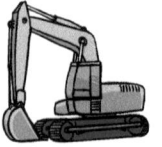

ekskavaator

багер

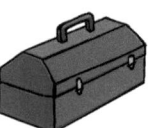

tööriistakast

кутија за алат

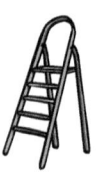

redel

мердевине

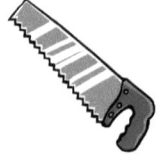

saag

пила

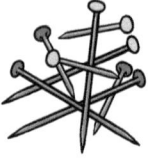

naelad

ексер

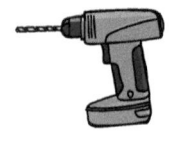

trell

бушилица

parandama
поправити

labidas
лопата

Põrgusse!
до ђавола!

kühvel
лопатица

värvipott
лонац за боју

kruvid
завртњи

pillid

музички инструмент

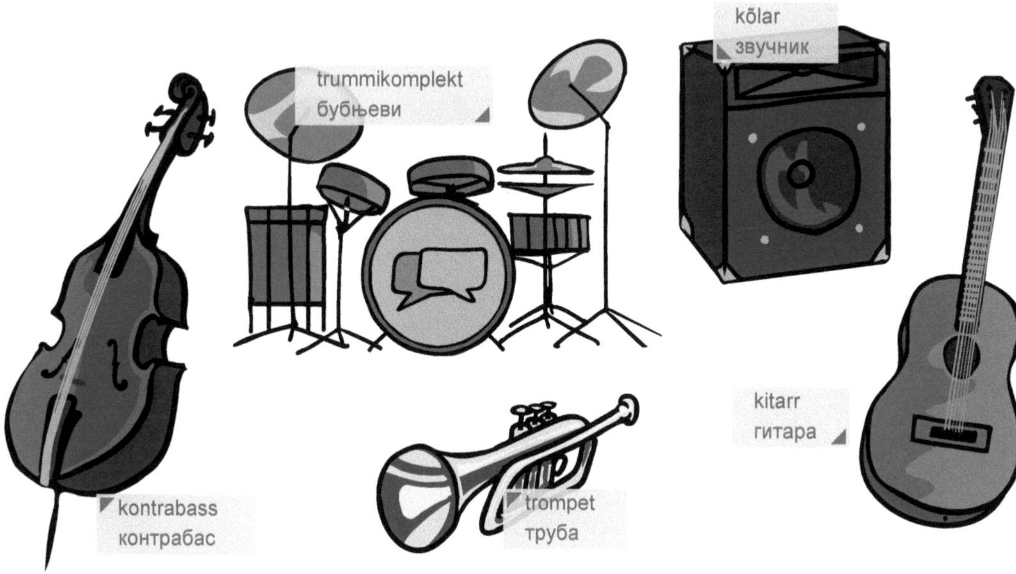

trummikomplekt
бубњеви

kõlar
звучник

kontrabass
контрабас

trompet
труба

kitarr
гитара

klaver

клавир

viiul

виолина

bass

бас

timpan

тимпани

trummid

ударљке за бубњеве

süntesaator

типке клавира

saksofon

саксофон

flööt

флаута

mikrofon

микрофон

pillid - музички инструмент

loomaaed

зоолошки врт

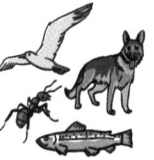

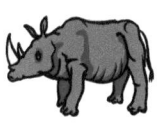

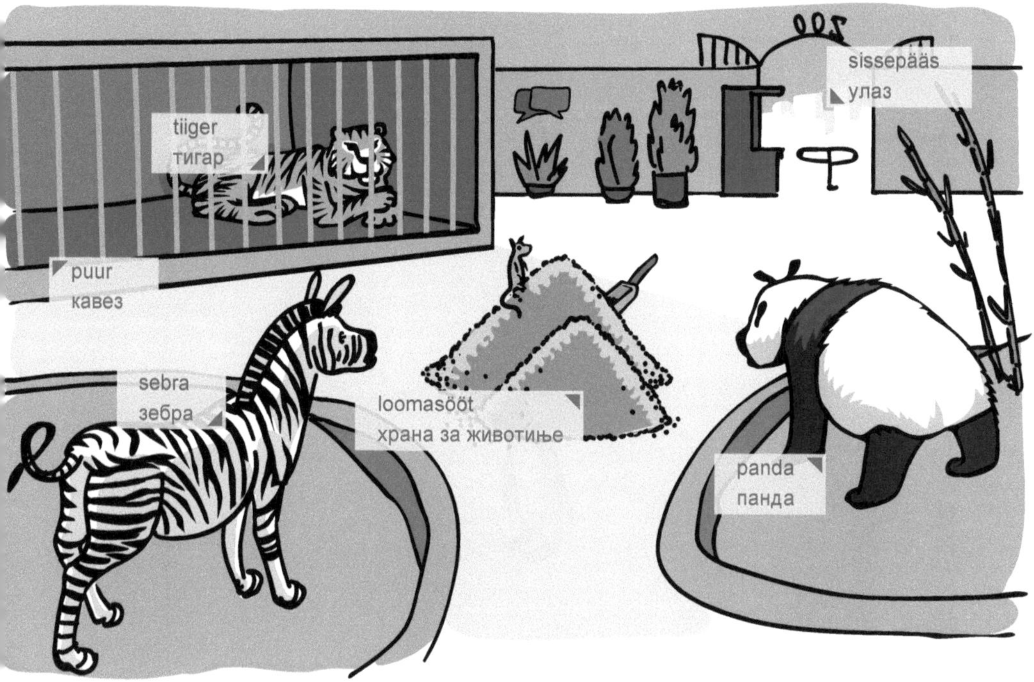

sissepääs
улаз
tiiger
тигар
puur
кавез
sebra
зебра
loomasööt
храна за животиње
panda
панда

loomad
животиње

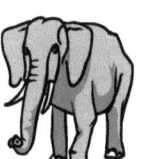

elevant
слон

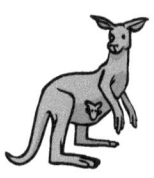

känguru
кенгур

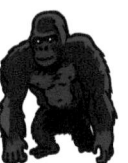

ninasarvik
носорог

gorilla
горила

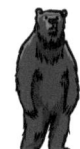

karu
медвед

kaamel

камила

jaanalind

ној

lõvi

лав

ahv

мајмун

flamingo

фламинго

papagoi

папагај

jääkaru

поларни медвед

pingviin

пингвин

hai

ајкула

paabulind

паун

madu

змија

krokodill

крокодил

loomaaiatalitaja

чувар у зоолошком врту

hüljes

туљан

jaaguar

јагуар

poni

пони

leopard

леопард

jõehobu

нилски коњ

kaelkirjak

жирафа

kotkas

орао

metssiga

дивља свиња

kala

риба

kilpkonn

корњача

morsk

морж

rebane

лисица

gasell

газела

Ameerika jalgpall
амерички ногомет

jalgrattasõit
бициклизам

tennis
тенис

korvpall
кошарка

ujumine
пливање

poksimine
бокс

jäähoki
хокеј на леду

jalgpall
....
фудбал

sulgpall
....
бадминтон

kergejõustik
....
атлетика

käsipall
....
рукомет

suusatamine
....
скијање

polo
....
поло

tegevused

активности

naerma
смејати се
hüppama
скочити
kallistama
загрлити
jalutama
ићи
laulma
певати
unistama
сањати
palvetama
молити се
suudlema
пољубити

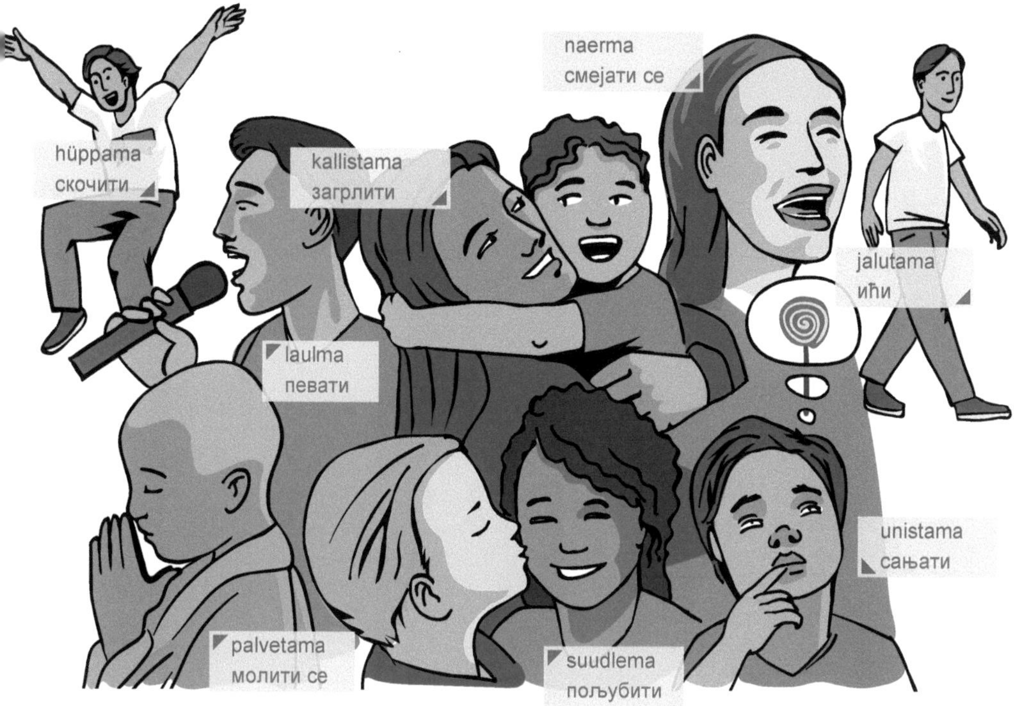

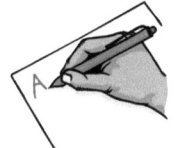

kirjutama

писати

joonistama

цртати

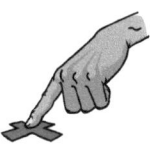

näitama

показати

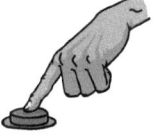

lükkama

гурати

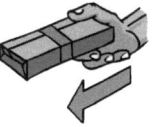

andma

дати

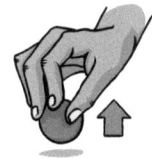

võtma

узети

omama

имати

tegema

чинити

olema

бити

seisma

стојати

jooksma

трчати

tõmbama

повлачити

viskama

бацити

kukkuma

падати

lamama

лежати

ootama

чекати

kandma

носити

istuma

седити

riidesse panema

облачити

magama

спавати

ärkama

пробудити се

vaatama

гледати

nutma

плакати

paitama

миловати

kammima

чешљати

rääkima

говорити

aru saama

разумети

küsima

питати

kuulama

слушати

jooma

пити

sööma

јести

korrastama

поспремити

armastama

волети

süüa tegema

кухати

sõitma

возити

lendama

летети

tegevused - активности

purjetama

пловити

arvutama

рачунати

lugema

читати

õppima

учити

töötama

радити

abielluma

венчати се

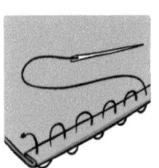

õmblema

шити

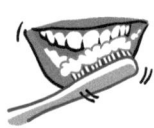

hambaid pesema

прати зубе

tapma

убити

suitsetama

пушити

saatma

послати

perekond
породица

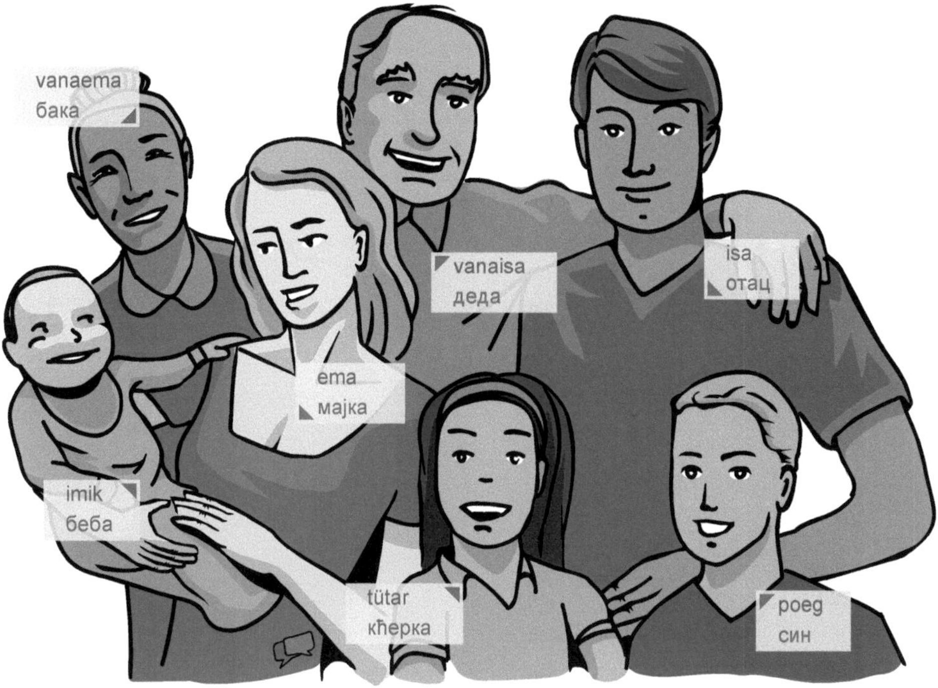

vanaema
бака
vanaisa
деда
isa
отац
ema
мајка
imik
беба
tütar
кћерка
poeg
син

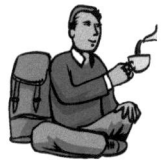

külaline

гост

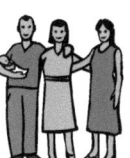

tädi

тетка

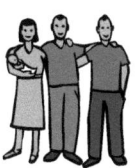

onu

ујак, стриц

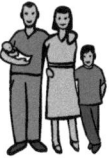

vend

брат

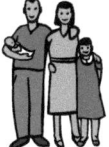

õde

сестра

keha

тело

otsmik
чело
silm
око
õlg
раме
sõrm
прст
nägu
лице
lõug
брада
käsi
рука
jalg
нога
rind
груди
käsivars
рука

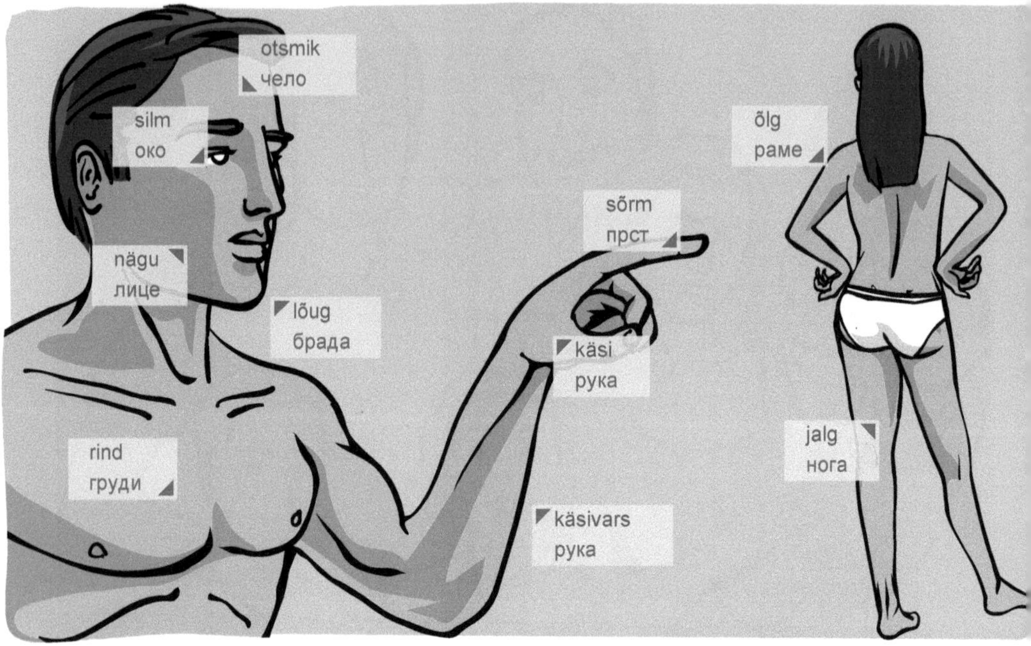

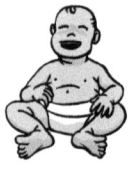

imik

беба

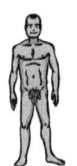

mees

мушкарац

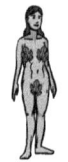

naine

жена

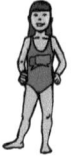

tüdruk

девојчица

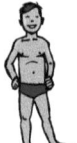

poiss

дечак

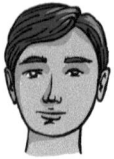

pea

глава

selg

леђа

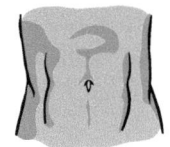

kõht

стомак

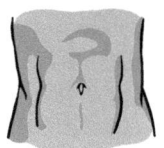

naba

пупак

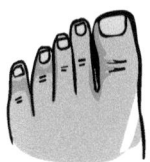

varvas

ножни прст

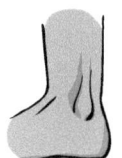

kand

пета

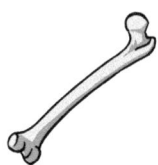

luu

кост

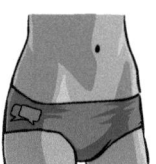

puus

кукови

põlv

колено

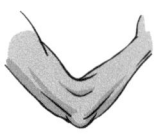

küünarnukk

лакат

nina

нос

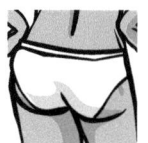

tagumik

задњица

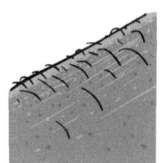

nahk

кожа

põsk

образ

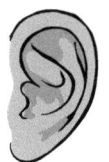

kõrv

уво

huuled

усна

suu

уста

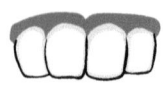

hammas

зуб

keel

језик

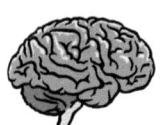

aju

мозак

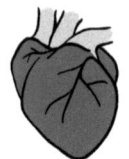

süda

срце

lihas

мишић

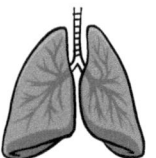

kops

плућа

maks

јетра

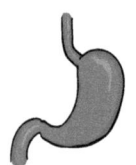

magu

желудац

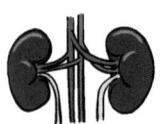

neerud

бубрези

seksuaalvahekord

полни однос

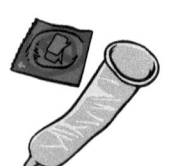

kondoom

кондом

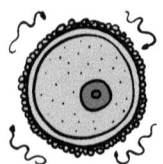

munarakk

јајна ћелија

sperma

сперма

rasedus

трудноћа

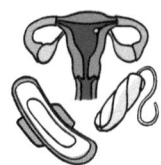

menstruatsioon

менструација

vagiina

вагина

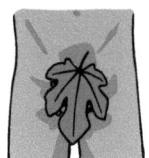

peenis

пенис

kulm

обрва

juuksed

коса

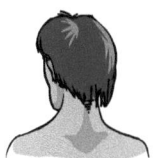

kael

врат

haigla
болница

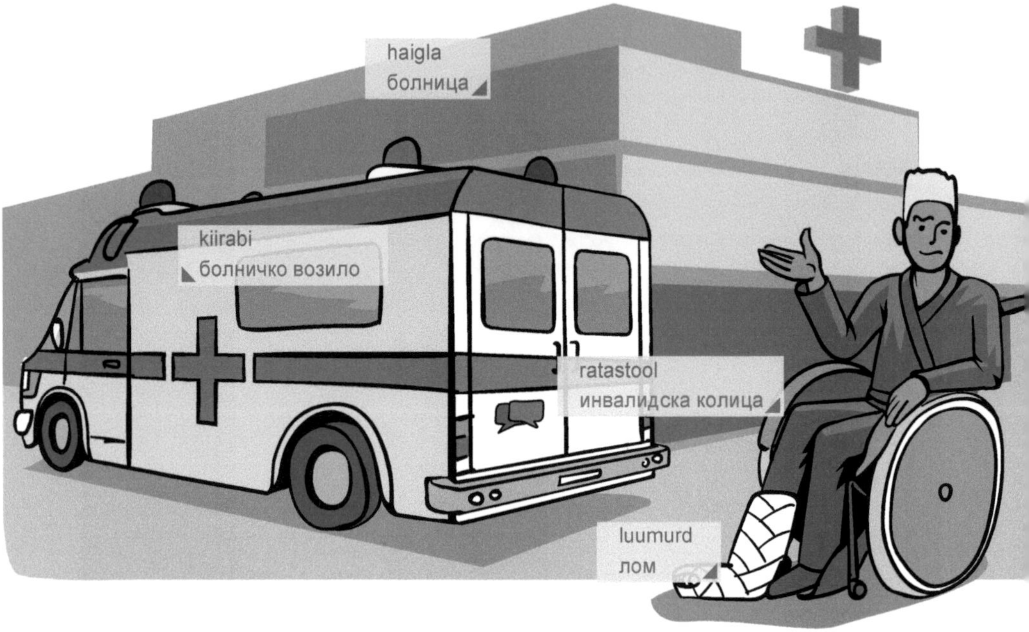

haigla
болница
kiirabi
болничко возило
ratastool
инвалидска колица
luumurd
лом

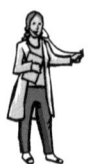

arst
лекар

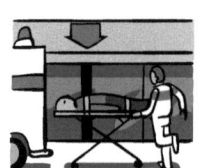

traumapunkt
хитна медицинска служба

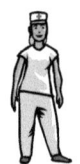

meditsiiniõde
медицинска сестра

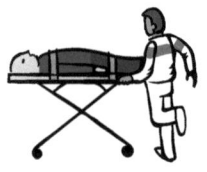

hädaolukord
хитни случај

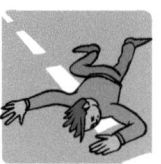

teadvuseta
несвест

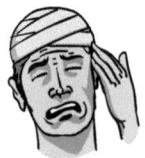

valu
бол

vigastus

повреда

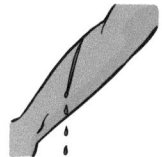

verejooks

крварење

südamerabandus

срчани удар

insult

удар

allergia

алергија

köha

кашаљ

palavik

грозница

gripp

грипа

kõhulahtisus

пролив

peavalu

главобоља

vähk

рак

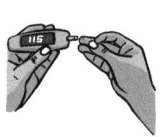

diabeet

дијабетес

kirurg

хирург

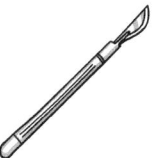

skalpell

скалпел

operatsioon

операција

KT
....
цт

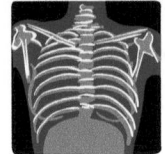

röntgen
....
рентген

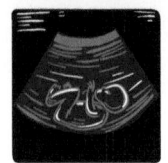

ultraheli
....
ултразвук

mask
....
маска

haigus
....
болест

ooteruum
....
чекаона

kark
....
штака

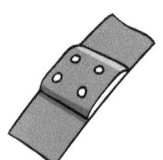

kips
....
фластер

side
....
завој

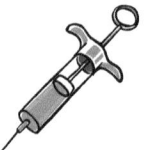

süst
....
ињекција

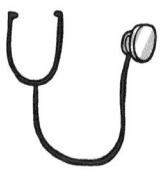

stetoskoop
....
стетоскоп

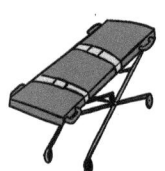

kanderaam
....
носила

kraadiklaas
....
термометар

sünd
....
рођење

ülekaaluline
....
прекомерна тежина

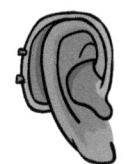

kuuldeaparaat

слушни апарат

desinfektsioonivahend

средство за дезинфекцију

põletik

инфекција

viirus

вирус

HIV / AIDS

хив / аидс

meditsiin

медицина

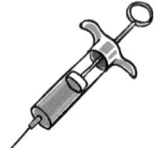

vaktsineerimine

вакцинација

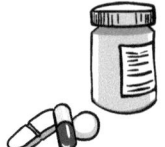

tabletid

таблете

pill

пилула

hädaabikõne

хитни позив

vererõhuaparaat

уређај за мерење притиска

haige / terve

болесно / здраво

Appi!

помоћ!

häire

аларм

kallaletung

насртај

rünnak

напад

oht

опасност

avariiväljapääs

излаз у случају нужде

Tulekahju!

пожар!

tulekustuti

противпожарни апарат

õnnetus

незгода

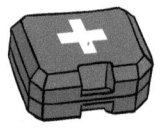

esmaabikomplekt

кутија прве помоћи

SOS

сос

politsei

полиција

Euroopa

Европа

Põhja-Ameerika

Северна Америка

Lõuna-Ameerika

Јужна Америка

Aafrika

Африка

Aasia

Азија

Austraalia

Аустралија

Atlandi ookean

Атлантик

Vaikne ookean

Пацифик

India ookean

Индијски океан

Lõuna-Jäämeri

Антарктички океан

Põhja-Jäämeri

Арктички океан

põhjapoolus

Северни рол

lõunapoolus
....
Јужни рол

Antarktika
....
Антарктик

Maa
....
земља

maismaa
....
земља

meri
....
море

saar
....
оток

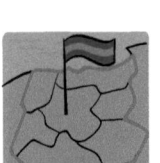

rahvus
....
нација

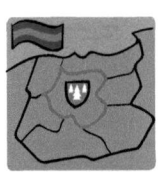

riik
....
држава

sihverplaat

бројчаник сата

tunniosuti

сатна казаљка

minutiosuti

минутна казаљка

sekundiosuti

секундна казаљка

Mis kell on?

Колико је сати?

päev

дан

aeg

време

praegu

сада

digitaalne kell

дигитални сат

minut

минута

tund

час

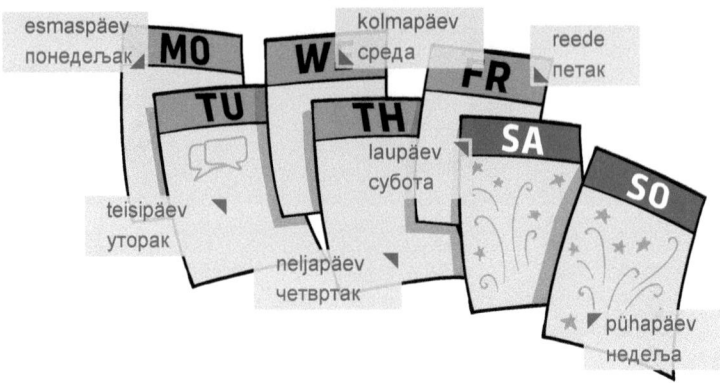

esmaspäev
понедељак — **MO**

kolmapäev
среда — **W**

reede
петак — **FR**

TU

TH

laupäev
субота — **SA**

SO

teisipäev
уторак

neljapäev
четвртак

pühapäev
недеља

eile
....
jуче

täna
....
данас

homme
....
сутра

hommik
....
jутро

lõuna
....
подне

õhtu
....
вече

MO	TU	WE	TH	FR	SA	SU
1	2	3	4	5	6	7
8	9	10	11	12	13	14
15	16	17	18	19	20	21
22	23	24	25	26	27	28
29	30	31	1	2	3	4

tööpäevad
....
радни дани

MO	TU	WE	TH	FR	SA	SU
1	2	3	4	5	6	7
8	9	10	11	12	13	14
15	16	17	18	19	20	21
22	23	24	25	26	27	28
29	30	31	1	2	3	4

nädalavahetus
....
викенд

aasta

година

vihm
киша
vikerkaar
дуга
tuul
ветар
lumi
снег
kevad
пролеће
sügis
јесен
suvi
лето
talv
зима

4.APRIL 11°
5.APRIL 4°
6.APRIL 13°
7.APRIL 8°
8.APRIL 10°

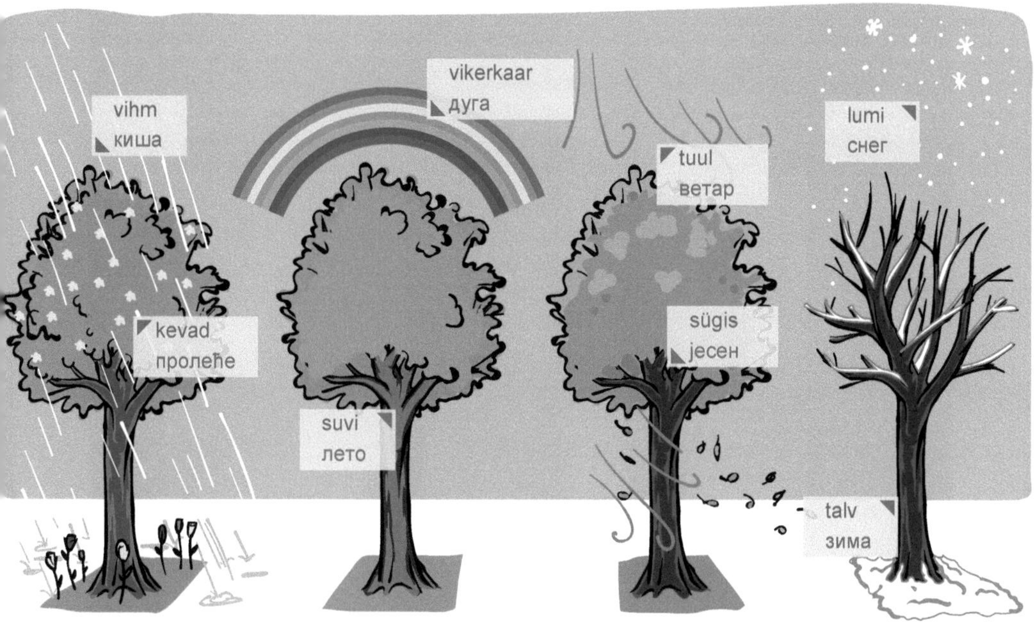

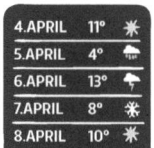

ilmaennustus

метеоролошка прогноза

F
C
120
90
60
30
0
-30
40
30
20
10
0
-10
-20

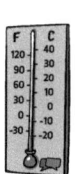

termomeeter

термометар

päikesepaiste

сунчана светлост

pilv

облак

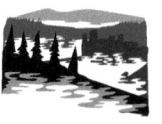

udu

магла

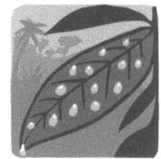

niiskus

влажност ваздуха

pikne

мុња

kõu

грмљавина

torm

олуја

rahe

туча

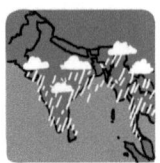

mussoon

монсун

üleujutus

поплава

jää

лед

jaanuar

јануар

veebruar

фебруар

märts

март

aprill

април

mai

мај

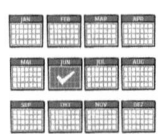

juuni

јуни

juuli

јули

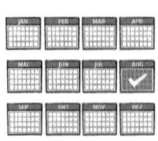

august

август

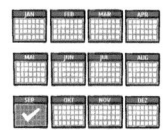

september
....
септембар

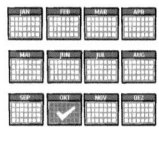

oktoober
....
октобар

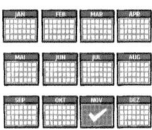

november
....
новембар

detsember
....
децембар

ring
....
круг

ruut
....
квадрат

nelinurk
....
правоугао

kolmnurk
....
троугао

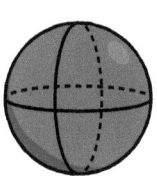

kera
....
кугла

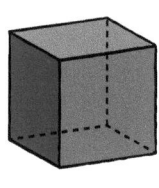

kuup
....
коцка

valge

бела

kollane

жута

oranž

наранџаста

roosa

ружичаста

punane

црвена

lilla

љубичаста

sinine

плава

roheline

зелена

pruun

смеђа

hall

сива

must

црна

palju / vähe

много / мало

vihane / rahulik

љутито / мирно

ilus / inetu

лепо / ружно

algus / lõpp

почетак / крај

suur / väike

велико / малено

hele / tume

светло / тамно

vend / õde

брат / сестра

puhas / must

чисто / прљаво

täielik / puudulik

потпуно / непотпуно

päev / öö

дан / ноћ

surnud / elus

мртво / живо

lai / kitsas

широко / уско

söödav / mittesöödav

јестиво / нејестиво

kuri / sõbralik

зло / добро

põnevil / tüdinud

узбуђено / досадно

paks / peenike

дебело / мршаво

esimene / viimane

на почетку / на крају

sõber / vaenlane

пријатељ / непријатељ

täis / tühi

пуно / празно

kõva / pehme

тврдо / мекано

raske / kerge

тешко / лагано

nälg / janu

глад / жеђ

haige / terve

болесно / здраво

ebaseaduslik / seaduslik

илегално / легално

tark / rumal

паметно / глупо

vasak / parem

лево / десно

lähedal / kaugel

близу / далеко

uus / kasutatud

ново / половно

mitte midagi / midagi

ништа / нешто

vana / noor

старо / младо

sees / väljas

укључено / искључено

lahti / kinni

отворено / затворено

vaikne / vali

тихо / гласно

rikas / vaene

богато / сиромашно

õige / vale

тачно / погрешно

kare / sile

храпаво / глатко

kurb / rõõmus

тужно / сретно

lühike / pikk

кратко / дуго

aeglane / kiire

полако / брзо

märg / kuiv

мокро / сухо

soe / jahe

топло / хладно

sõda / rahu

рат / мир

0	**1**	**2**
null	üks	kaks
нула	један	два

3	**4**	**5**
kolm	neli	viis
три	четири	пет

6	**7**	**8**
kuus	seitse	kaheksa
шест	седам	осам

9	**10**	**11**
üheksa	kümme	üksteist
девет	десет	једанаест

12

kaksteist

дванаест

13

kolmteist

тринаест

14

neliteist

четрнаест

15

viisteist

петнаест

16

kuusteist

шестнаест

17

seitseteist

седамнаест

18

kaheksateist

осамнаест

19

üheksateist

деветнаест

20

kakskümmend

двадесет

100

sada

стотину

1.000

tuhat

хиљаду

1.000.000

miljon

милион

inglise

енглески

Ameerika inglise

амерички енглески

mandariini

мандарински кинески

hindi

хиндски

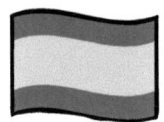

hispaania

шпански

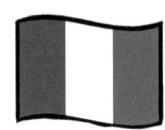

prantsuse

француски

araabia

арапски

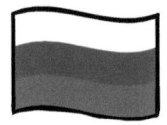

vene

руски

portugali

португалски

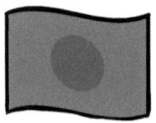

bengali

бенгалски

saksa

немачки

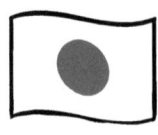

jaapani

јапански

mina

ja

sina

ти

tema

он / она / оно

meie

ми

teie

ви

nemad

они

kes?

Ко?

mis?

Шта?

kuidas?

Како?

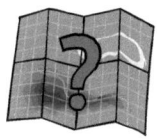

kus?

Где?

millal?

Када?

nimi

име

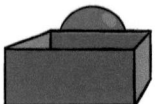

taga

иза

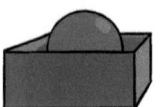

sees

у

ees

испред

kohal

преко

peal

на

all

испод

kõrval

поред

vahel

између

koht

место